Mond vol
dobbelstenen

TONNUS OOSTERHOFF BIJ DE BEZIGE BIJ

Boerentijger (gedichten, 1990)
Vogelzaken (verhalen, 1991)
De ingeland (gedichten, 1993)
Het dikke hart (roman, 1994)
Kan niet vernietigd worden (verhalen, 1996)
(Robuuste tongwerken,) een stralend plenum (gedichten, 1997)
Ook de schapen dachten na (essays, 2000)
We zagen ons in een kleine groep mensen veranderen (gedichten, 2002)
Dans zonder vloer (verhalen, 2003)
Hersenmutor. Gedichten 1990-2005 (verzamelde gedichten, 2005)
Ware grootte (gedichten, 2008)
Leegte lacht (gedichten, 2011)
Hier drijft weg (verzamelde gedichten, 2012)
Lie Tze spreekt een schedel toe (verhaal, e-book)
Op de rok van het universum (roman, 2015)
Ja Nee (gedichten, 2017)
Een kreet is de ramp niet (essays, 2018)

Tonnus Oosterhoff

MOND VOL DOBBELSTENEN

Gedichten

 2024 DE BEZIGE BIJ AMSTERDAM

De auteur ontving voor het schrijven van deze bundel een projectsubsidie van het Nederlands Letterenfonds.

Copyright © 2024 Tonnus Oosterhoff
Eerste druk januari 2024
Tweede druk mei 2024
Omslagontwerp Nanja Toebak
Vormgeving binnenwerk Aard Bakker
Druk en bindwerk Wilco, Amersfoort
ISBN 978 94 031 3069 9
NUR 306

debezigebij.nl

MIX
Papier | Ondersteunt
verantwoord bosbeheer
FSC® C004472

Bij de productie van dit boek is gebruikgemaakt van papier dat het keurmerk van de Forest Stewardship Council (FSC®) mag dragen. Bij dit papier is het zeker dat de productie niet tot bosvernietiging heeft geleid.

Die blik van haar de tuin in.

De terugkerende onweersbui, geweigerd door het groot koel water,
trekt de vrouw met sterke wind in de draaikolk die niet verdrinkt.
De vernieter spuugt haar uit, een stroming brengt haar boven.
Wat zijn de auto's klein beneden! Hoog in de blauwe lucht
hapt ze blauw naar adem.

Als de drenkelinge het bewustzijn verlaat
glipt de steen uit haar armen,
die opstijgt, verdronkenemaant.

Het kleinste wat jij ziet is daarmee
het allerkleinste ter wereld,
het zachtste wat je hoort
het kleinste gerucht dat bestaat.
De ladder naar de maan is
net niet hoog genoeg. Je hand
op haar leggen, wat scheelt het?
Een velletje vershoudfolie.
De ontelbaarheid van de sterren
raakt aan hun telbaarheid.

Omkeren is de rug leegmaken,
liggen is hoogte weg.

De afdaling in de omarming
de spiraal de omknelling in.

De kapper heeft me zo geknipt
dat bij oostenwind een lage
en bij noordenwind een hoge
stem door mijn kapsel fluit.

Ik ben het kostuum in de kast,
de broek, het colbert, het vest,
in het donker mijn borende blik.
Een tweede kostuum? Geldverspilling.

Er gaat slechts één mens de straat op
en het is in duizend gestalten.
De huisvlieg, volmaakt zelfgelijk,
ver voorbij denken en voelen.

Dit maakt de natuurwetten waar:
er is maar één deeltje. Plus schaal.
Een baby niest tegen de zon;
de zon niest tegen de baby.

In vroeger dagen, lang geleden,
was maken je schort openhouden
de boom laten doen een twee drie
met zwaartekracht een plek de zon

je sterrenpyjama een valstrik
kind, je bent de vreesachtige lens
van de ongedurige tijdprofessor de
onverantwoordelijke filmmaker.

De boom schudden was er te veel aan.
Toen viel je brein toe aan de vuilak
de valkuil de valstrik, je sliep in je valstrik.

Nog slaap je, je slaapt in je valstrik.
Kun je aan twee kanten opstaan?
Twee lampen tegen één donker?
Weet je: dieren voorliepen de planten.
Eerst de slak, toen de sla die niet vluchtte.

Het lichaam is echt heel wat meer
dan dat wat jij zelf kunt bewegen.
Weet je: dit lijf is een reisboom,
wortels in de schedel gevouwen.

Ze heeft een groot verstand
aan 't struikelen gebracht
door jenever te zuipen, nu
als een paard zo gehoorzaam.

De broodmagere alcoholiste
komt tot leven, trilhand schrijft,
ze beeft uit haar hoofd
een eindeloos nummer op.

De wiskunde kent maar één mening,
niemands bezit, ieders leengoed.
Dood is voorlopig niet meedoen.
Wat niet kan kan er beter niet wezen.

Er moet een nest jonge hondjes
naar de andere wereld geholpen.
De bewegende zak naast de beek
watermolen taveerne.

Het paard heeft een brein
als een kippenei. Hiermee kan het
vol wijsheid staan wachten.
De baas drinkt binnen jenever.

Een paard heeft een brein
als een kippenei. Puppy's
tegen de muur gesmeten?
Paard staat verdrietig te wachten.

Wanneer ik bij zonsopgang opsta
is het of ik iets neutraals
in een doorzichtige hoes steek,
die is klaargelegd door het donker.

Er wordt ritmisch aan ons getrokken.
Door wie? In welke richting?
We weten dat we waardevol zijn
omdat er aan ons gerukt wordt.

Ik ben nooit zo bang geweest
als ik weet dat bang zijn kan zijn.
't Kan gebeuren: elke dag komt
doodsangst mensen verscheuren.

Ik voel pijn bij het open-
knippen van het zakje,
maar vreugde omdat ik
de inhoud bevrijd.

Peter en Paul worden wakker
in hetzelfde bed met twee kanten.
Ze erkennen te hebben geslapen
en gaan in gedachten terug
naar wat gister heeft plaatsgevonden.
Paul maakt niet de vergissing
terug te gaan naar Peters gedachten.
Maar Peter vergist zich ook niet.
Ze kennen elkaar uit het leger,
hun rangen verschilden ontzettend.

Nu staan ze op straat, blond en blonder,
met folders en raad voor ons allen:
'Nooit denken dat je er bent
maar ook niet dat je er nooit komt.'

Er bestaat iets stevigs dat vaststelt
dat het in dezelfde houding en
in dezelfde stemming was
toen je tien als toen je zestig was.

Peter knikt naar de kist waar hij naast staat.
'Hij kon geestig zijn.'
Weet even geen voorbeeld.
'Hij werkte maar door, tot diep in de nacht brandde licht.'
'Het leeftijdsverschil speelde voor ons geen rol.'
'Hij voorzitter, ik penningmeester, maar
we hadden het nooit over geld.'
[Gelach.]
'Paul en Iet hadden een huis aan het Gardameer;
na mijn scheiding mocht ik daar komen.
Komen... recupereren.
Die zomer leerde ik Paul pas goed kennen.
Hij kon luisteren, het was een echte vriend.
In het meer was het water... heerlijk.
Ik bedoel heerlijk water.'

Keelsnijgebaar van de voorste rij: nu afronden, Peter!

'En de herinneringen aan Paul, die zijn er!'

Het Nieuwe Testament gaat vooral
over Paul die het christendom stichtte.
De Evangeliën zijn van na Paul,
die goddank na Jezus kwam.

Krachtmens Paul boog Jesaja naar Jezus.
Toen de staven elkaar raakten
vatte de Nazoreeër vlam.
Isaï's telg wist wel dat hij hout was
maar niet dat hij zo zou branden;
niet dat hij die kant op zou branden
en zeker niet dat hij zou opstaan,
die niet om te oordelen kwam.

Peter Sellers was niemand van niemand
een lege huik een hondsvot
een doodsster; Chance iemand anders.
Aangeraakt soms door liefde
schrok hij zich altijd de pleuris.

Niet Peter Sellers geweest zijn
beschouw ik als mijn verdienste.
Maar Sellers mag ook geprezen
omdat hij niet Beria was
(of IJzeren Feliks Dzerzjinski:
'Men leeft niet alleen voor zijn ego.')

Voor lege hulzen, heb eerbied,
want morgen hebben zij namen.

Ik ben een levende muizenval.
Gisteren liep er een muis in.
Vandaag danst hij op tafel
met een bewolkt grijs gezicht.

Peter, Feliks, Lavrenti, Paul. Tonnus,
de dichter die tekst van rook maakt
en rook van namen en woorden.

'Hoe vaak huil jij op een dag?'
Kind: 'Nooit.'
'Zonet toch nog?'
'Ja.'

Geld loopt uit zijn pantalon;
de oude man merkt het niet.
Hij geeft winter en zomer een hand,
neemt afscheid van najaar en lente.
Wij en mijn spiegelbeeld die
(als) in mist in elkaar overgaan.
Nu ben ik van toen was ik vrijheid
Ik ben lip lip van tong ik ontsnap leuk
om te ontsnappen om te zien
of het kan over de kin.

Ben ik, als ik tegen mezelf praat,
een proef die een proef uitvoert?
Een klok die klok kijkt?

Het betoog wordt voor de spiegel
geoefend; de telefooncamera
op de rand van de wasbak.

Redenaar houdt de schaal vast.
Dé schaal? Die van het bloed?
In de hoek staat de doos THIS SIDE UP
op zijn kop. Wat daarin zat?

Kramp in de mylohyoideus.
De keten te strak getrokken
onder de troon: van de troon
wijst de punt naar Schedelplaats.

Onder wat welft, het gewulfte,
boven het ijs, het ontholde
waar als een worm glijdt het
roekeloos associatieve,
krampt het vleesje tussen de kaken,
het vliegend tapijt van woorden.

Om de stemband de ruwzijden sjaal,
met uienschil monnikspijkleurig geverfd.
De sjaal heet 'je me eens'.
Hij wappert, het is gaan waaien.
Verlaten de tijdlijn, de tijdlijn verlaten,
langs het spoor waar jaren geen trein
en het drijfzand waar het gerucht ging
en hoe heten die planten met stekels?
Waar niemand komt en vredig
wappert 'je me eens'.

Maar de tong, die ergens aan vastzit,
– of hij dit weet weet ik niet – is al terug,
draait rondjes als een hond in zijn mand
en gaat liggen.

De straatartiest staat in het halfduister
van de brandsteeg zijn gedicht te leren.
Hij kan het nog niet declameren
maar het zonovertogen publiek
kan het pogen al best waarderen
want vandaag, de dag des Heren,
draagt alles wat rondloopt springveren,
– 'Geef die meneer maar een euro.' –
doet geld in het emmertje meren.

Wat is een emmertje munten
voor wie zich vergeten durft tonen?
Een artiest leeft erop los. Kunst licht op.

Zonder vergunning in dit land de lul,
het dwergje met de reuzenschaduw,
die van de reus, pal onder de schijnwerper
in de verhoorkamer van de militie.

'Lig je al lang zo dwars?'
'Van de baarmoeder; één been gestrekt.'
'Vind je het pijnlijk te worden doorzien?'
'Word ik dat? Ben jij soms mijn moeder?'
'Nee. Kiekeboe.'
'Niet kiekeboe. Bij kiekeboe ben je er wél.'
Dan ben je er wel dus.
Dat denk jij.

Toen, zo, nu worden mensen alleen nog geboren,
geen sterfdatum meer op de grafsteen.

Het moderne lichaam: een reistas,
een lederen attachékoffer.
Het brein: zorgvuldig, grondig beschermd
voor de toekomst bestendigd achtergebleven gebied.
Zo houden. Terugfokken. Darmsnaren.
In heel het lichaam staan van alle cellen
deuren en ramen tegen elkaar wijdopen.
De hersenen snappen er niets van.

Grijze gezwollen gezwellen
die meenden licht te geven
in het ingewand van een nieuwe
orde. Natuurhoorn, schel aan de oren.

Zon en maan, beroemd om hun zeges op nacht,
dag en nacht, die leven menen te schenken,
van de nieuwe orde het reuzenrad zijn.
Gewetenloos brein; maan, zon.

De gouden plaat voor de kop
in de ruimte. Acht meter wijd is de goudplaat
van ons af op de uitkijk, ons klein zijn
ons wij zijn met onbegrip afschermend.

Het brein: een borduurmandje, kleiner,
vingerhoed in het borduurmandje.
De reusachtige, vochtig
riekende hond van de wereld
draait rondjes boven binnen de hoedrand,
voor hij neerzijgt, neer om te rusten.

Kijk beter maar niet om je heen.
Een kleine hond blaft wandelaars langs.
Bij het zwellen der voetgangers gaat
het hart uit het keeltje...
En kijk de wandelaars krimpen!
Ruik de geuren vervluchtigen!
Voor worstelijk mopsje is één en één twee:
'Groot ben ik niet maar ik kan wat.'

De honden zijn het geblaf
dat de misdaad tegenhield
noch vertraagde, na 't bevel
'Kop dicht!' vergeten.

'En?'
'Dood.'

Na de verkrachting kanen.
Na de amputatie dansen.
Na de moordpartij
de gedweeë hond strelen.

[De daders krijgen hun trekken thuis.]

Nu ophouden boos te zijn,
de doodstraf heeft plaatsgehad.
De hoofdrover bungelt,
prooi van de kraaien
onschuldig aan de galg op de heuvel.

De wind blaast
in de neus van
het hangsel. Dat, vreemd,
een afwerend gebaar maakt.

[De misdaad gaat in het vergeetboek.]

Op de ijskoude oceaanbodem
werkt een wrakbaars een kleine
haai levend naar binnen.
Even dag in zijn eeuwige nacht.
Voor haai is de wrakbaars een eetbare woning,
een huisje van koek, een sprookje.

Ik heb, mezelf in de hand,
om te wanhopen weinig van node:
de hoek van de tafelrand,
mijn twee voeten, die van een dode.

De lange rand vormt met de zij
hoog op de stevige poten
een houten hoek, alleen om mij
gemeen in de lies te stoten.

Duw me het raam uit, geef me een kans.
De zelfmoordenaar ontsnapt aan een touw.
Duw me het raam uit, geef me die kans.
De zelfmoordenaar ontsnapt aan een touw.
Duw me uit het raam, dan heb ik een kans.
De zelfmoordenaar ontsnapt aan een touw.
Ik weet niet wat jij doet, ik waag het erop!
Ik laat me vallen, 't wordt beter dan ooit.
De zelfmoordenaar ontsnapt aan een touw.
Duw me uit het raam, geef me die kans.
De zelfmoordenaar ontsnapt aan een touw.
Duw me uit het raam, geef me een kans.
De zelfmoordenaar ontsnapt aan een touw.
Aan een touw. De zelfmoordenaar.

Kon hier niet iets anders staan?
Ja. Hier kon iets anders staan.
Maar anders dan dit staat er niet.

Vanochtend, nacht nog, is het ontbijt
kasja ijsbui fosfor vuur
en wodka tot we gaan trillen
en bilzekruid tegen het beven.
Wodka om te gaan trillen
van doodsdrift en levenverlenging
met bilzekruid tegen het beven.
Wodka met wondroos ontstoken
bevroren en koorts in de benen
En bilzekruid tegen het beven.
En wodka om te gaan trillen.
Zwijnenboom tegen het beven.
Wodka om te gaan trillen
hennebloem is voor het heengaan.

Wodka om te gaan trillen
met bilzekruid tegen het beven.
Wodka om te gaan trillen
met bilzekruid tegen het beven.
Wodka om te gaan trillen
met bilzekruid tegen het beven.

Kan hier iets anders staan?

OP EEN DODE KORPORAAL EN ZIJN LEVEND KINDJE

Een Gefreiter met pech, met geluk,
in zijn dorp als gauwdief bekend,
maar als Spaßvogel in zijn eenheid, †.

Ver weg, thuis, kreeg zijn meisje een kindje.
Hij wist van niets, net als zij niet.
Een brisantgranaat in de Graben.

Hij zag zonnen, ademde licht.
Daarmee viel de Gefreiter, vol waarde,
terug in de vochtige aarde.

Die eine Granate begräbt die Toten,
die andere reißt sie wieder heraus.

Vol waarde de stafkaart de aarde.

In het dorp deinde de adem van een kind zonder vader:
klei eind klei klei eind klei klei eind klei klei.

Aan de ene kant van de berg
ziet men het wolkje uit het geweer komen.
Aan de andere kant van de berg
stort de geitenbok neer.

Aan de ene kant van het dal
horen herders het schot.
Aan de andere kant van het dal
valt de doodsvijand neer.

Het graan roept de boer en de maalsteen,
het meel de gist de lauwe begieting
de tijd de kneedtrog de hitte.
Het brood maakt de bakker wakker;
het gaat in een mandje de markt op
en ruilt zich. En ruilt zich en ruilt zich.

Brood ruilt zich tegen een broodmes.
Het mes gaat opzij in de schede.
Op de kermis verkoopt het zijn huid duur;
het is niet bang voor de spekbuik.

Boerenslim deze dwaas is.
Zijn draaimolen stokpaardjes
in het vlak een oneindige film.
Wijs heet wie zich herinnert
welke namen hij almaar vergeet:
Veit Harlan. Transnistrië. Lariks.

Afwassen. Boksen.

Nadenken. Metselen. Een buiging maken. Kammen. De kam door iets heen halen.

Aankleden. Uit-, omkleden. Traplopen. Schouders ophalen. Verf krabben.

Te pakken krijgen. Roffelen. Bijschrijven. Schuren. Kitten. Meelopen. Geld sorteren. Bonen. Beklijven.

Gewichten optillen, heffen. Rekening opmaken. Nee schudden.

Frees zoeken. Vaststellen. Roestkleuren. Opmeten.

Zweten, niet zweten. 'Toegangspas!' Pas tonen. 'Graseters' durven beweren. Tredplanten.

Vertikken. Stinken. Eén voor één keren, een dag laten rusten.

Fel uithalen. Kloppen. Nameten. Goedkeuren. Toegeven. 'Oké dan; wat mij betreft.' Beverig handschrift. Timmermanspotlood. Inmetselen.

Kelen. Dieselen. Voorsmaak, knolraap. Drevel. Bokshandschoen Everlast. Acht tellen. Negen. Nieuwe indeling.

lijvig
kristal
stijf
het doek valt voor de cementfabriek
lichtvoetig op kousenvoeten
kijk meiske, kijk
ruiken
voetzoeker
van boven onverwoestbaar
van onder voetje leem
glittertex glanstextiel
het doek valt voor de cementfabriek
edik
argeloos zwaarlijvig
een natte winter lang
onderschot
in de tissue spuiten
wankel
lansschacht
lama sabachtani
lycra lurex luster dust
schoonmaakazijn

hamerteen
kruishout
hannesklomp
bitterzoet

door dolbessen
dokter verwezen
het potlood krast
paarsroze kraaihei

kraaien, nee,
potloden krassen
handjes wassen

De gele keizer was half zon en half maan,
kwart vis, kwart vogel, kwart zoogdier, kwart graan,
als hij sprak was hij niet te verstaan.
De pasgeborene schrikt van het licht;
handjes, voetjes krampen tegelijk dicht.
Iemand die geen Russisch verstaat
hoort hoe elk gedicht over alles gaat.
Beter is niemand om te begrijpen
wat niet te begrijpen is.
De mooiste natuurwet is alles in één.
Er is schaal en er is maar één deeltje.
Een baby niest tegen de zon,
maar de zon niest tegen de baby.
En tegen de zon fronst de baby.

Een machine duwt met een hand
van glanzend geslepen metaal:
'Ik heb je door, vriend! Vriend variant.
Prins Variant-op-het-ene.'
De baby niest tegen de zon.

Het lichaam verbergt tekens
tot het zijn beheersing verliest.
Ogen door een kleuter
bediend, beter, minder, weer beter;
broek past niet meer. Steeds vroeger wakker.
'Ík vind het zorgelijk.' 'Onzin!'
'Ga toch maar.' 'Zanik niet.'
Bloed, foto's, biopten, alles bijna in orde.

Honderd keer bong, bong, bong,
het oogvoorhoofd tegen de ruit,
eropuit in vrijheid te sterven,
onder een drinkglas naar buiten gebracht.

Teller wordt mager. Onder de breuklijn
vervluchtigt het slaappatroon.

De beschrijving verandert in vroeger.
Ten goede? Maar: goed? Goed, wat is dat?
Goed is de kans dat ik thuiskom.

Ik ben pastorie in de storm,
Ik ontvang mijn bewoner, een vulpen.
Hij ziet er moe en verweesd uit.

De zwarte modder omstreek
gerooide boomwortels.
Een angstige blik op mijn schaduw.

Vanaf de dijk in dromen verloren
Emdens afweergeschut horen,
vuurwerk tegen bommen.

Alles binnen is goed,
alles buiten is goed.
Houden zo, je niet uiten.
In geen vreemde taal geen stom woord.

Maar daar hebben we de lollebroeders,
de worststollers. Schepje over de schouder.
Begraven de worst in andermans bietenhof.
Andermans andervrouws bloedworst.

God de Vader is het ware geloof; God de Moeder
een ketters beeld. Hou maar voor je of wil je dood soms?
Papa, mama, builenpest, wie spit ons onder?

But all shall be well, and all shall be well,
and all manner of thing shall be well.
Hiermee eindigt het eerste boek
door een vrouw in het Engels geschreven.

Vissen voelen geen pijn.
Koeien gedijen in brandende zon.

Mensen slachten humaan.
Jou zie ik graag ongelukkig.

De zwaluw wordt getrokken.
Het aardrijk zoekt zijn weg.

Taal leert mij uit het hoofd.
Ik ben een kopie met fouten.

Lichaamshelften lijken
ternauwernood op elkaar.

Een vrolijk boek met twee kaften,
een vrolijke geschiedenis.

Bach hoort Goebaidoelina,
Beethoven Claude Vivier.
Infrarood zie ik niet langer,
ik hoor het goudhaantje niet meer.

Ik geef je een bevel
maar jij voert het niet uit
vogeltje. Vogeltje,
hoor je me niet?

Er wordt ritmisch aan ons getrokken.
Door wie? In welke richting?
We weten dat we waardevol zijn
omdat er aan ons gerukt wordt.

Het geloof is een ballon, een theorie een boot.

De hardste constructie de sterkste? Lang niet altijd.
Schoor je argumenten, schroef het bouwsel stijf,
draai je om, kniel en op drift is het bot en dik.

God de Vader,
Moeder God.
'Moeder' mijn metafoor,
'Vader' mijn oude geloof.

Gottbegnadet
heet de pony
die in de regen wacht
op hemelvuur.

God is een laag plafond
boven muren van maagballon.
Muizen vinden het fijn
plaag achter pleister te zijn.

De aarde onder de steen
zakt in. Hier komen ratten
zich aan gifbuiltjes bezatten.
Gezinnen vallen uiteen.

Ratten mogen niet onder
de grafsteen wonen.
Muizen op zolder maken
leven. We kunnen niet zonder.

Snelheid slaapt met de snelweg.
Snelheid komt op de snelweg
met veiligheid. Veiligheid vangt
snelheid van de weg.

Honderd rijden met haren
die zouden wapperen
moeten. Maar het stuur staat
onder een laag plafond.

Doodgereden kraai
op de snelweg.
De wind heft een vleugel:
'Over mijn lijk, vriend.'

Wie van dit dak springt
suist negentig jaar lang
langs miljarden verdiepingen.
Wind om ongehoorzaam te zijn.

Dat mijn verstand het verstand
van mijn vader, minder bruikbaar,
een vliegend vogelnest wordt,
een vliegend fort voor zwaluwen.

VADERS MEISJE

Ik ben doorgelopen terwijl
jij die ik was bleef stilstaan.
En nu ben je verbaasd dat ik klein ben?

Verzonnen, goedgehumeurd,
goedgehumeurd en verzonnen.
Verslagen maar goedgehumeurd,
goedgehumeurd maar verslagen.

Ze is al minutenlang weg.
'Kom mijn geneesmiddel brengen!'
'Tijd doet er niet toe, domme pa.
De kans dat je nu sterft is nul.'

'Kom mij m'n geneesmiddel brengen.'
Tijd doet er niet toe, ouwe gek.
De kans dat je sterft is miniem.
Ze blijft minutenlang weg.

Uit de hemel kijkt moeder,
de hand voor de mond geslagen
– eeuwig gebaar van moeder –
neer op vader en mij.

H brengt grijsaard naar zijn visplek,
stelt voor hem de hengel in. Dan de kids
naar bokstraining. Laat in de middag terug:
'Nog iets gevangen, pa?'
'Gevangen?'

Zijn vader zonder uniform
meer slachtoffer dan dader.
De jeugdstorm was geen zwarte storm,
zonder uniform geen vader.

Moeder zet de ketel op,
dekt de tafel. De kinderen
komen, die van straks.
Buiten woedt een treffen.

In zijn vader is een kracht
die ook in hem leeft;
in zijn zoons een zwakte
die in hem ook woont.

Pa zet de ketel op het vuur
voor thee. Dit betekent, denkt hij,
dat de kinderen zo zullen komen.
Maar vader, die heb je heel niet.

Malle Lotte houdt in
het museum haar zonnebril op,
kijkt nu en dan over de rand,
als is het een film van Godard.

'Je lijkt op iemand.'
'Dat zeg je steeds vaker.'
'Dat klopt. Maar het is zo.'
Het is steeds vaker waar.

Ik gunde het Femke
Lotte te zijn en op
die manier Femke
niet te bedriegen.

'Dat is niet waar!'
'Dan heb ik het verzonnen.'
'Je hebt het verzonnen.'
Is het daarom niet waar?

Iemand die Femke heet is altijd lief.
O, het 'Kom je nog even in me?'
van de relatie die stormen doorstond.
Wie kan van zo dichtbij aankijken?

In het donker het donker.
'Heb jij nou mijn hand vast?'
'Nee, dat verbeeld je je maar.'
'Waar is hij dan?' 'Wie?'

Bliksem trok me mijn schoenen uit.
Lichtgevend kon Lotte zoenen:
meteen ontbrandden haar en huid,
een vuurtong trok mij uit mijn schoenen.

Een isoleercel was haar kut.
Ze wilde geneukt, niet vereerd.
Juwelenverdriet! Ik begrijp het wel
bij zo'n doos rood gecapitonneerd.

Hield ze te veel van mij
voor het weinig werd?
Bij het keren van het tij
was ik ondankbaar en blij.

'Zijn er dagen dat je
niet aan me denkt?'
'Ze staan aangekruist
in mijn agenda.'

Annet – eenzellig wonend naast
krabpaal en zwevende tafellamp –
lijkt Maghrebijns gregoriaans.
Ze studeert, het brein wil nog, en
hoe gonst het vocabulaire. Het
roze tasje onder haar kin beeft.
Wat beeft het.

Op een stralende dag slenteren
onder haar openste venster
honingbij rozenknop vriendschap
drie jonge mannen, bleek, mager,
voorhuid achterlicht nachtlamp
die grinniken hoe ze kut zuigen,
hoe hard ze willen en zullen.

De framboos van haar bloed bevriest.
Dit klinkt in droomspraak afgrijselijker
dan in enige lauwere tong.

Gelukkig zijn er voor alle talen vergeetcursussen.

Altijd begrijpen
wat je niet wilt onthouden.
Gerard 't Hooft, toen, op de tv.
'De robots hebben ons haast
waar ze ons hebben willen.'
O, vast, zeker! Ik spreek het hem
jarenlang na; daarbij toon ik
mijn geleende Nobelprijsmedaille.

Zo goed is mijn slechte geheugen!
YouTube van nu spreekt me tegen.
In de werkelijkheid daarvan
zegt de geleerde dat op Mars
robots kwartier zullen maken
voor de mens 'en niet andersom'.

In hun nanovuistje
lachen zelfgemaakte machines.
't Is registreren, 't is opslaan.

Nog een van 't Hooft:
'Als de toekomst je aanzuigt
word je ruim voor aankomst
vernietigd, verstrooid
tot subatomaire as.'
As. As tot aankomst.
And music shall untune the sky.
Voor de voltrekking mag
de waarheid niet klinken.
En nooit iets vergeten.

De bomdolfijn strijdt voor Rusland.
De proefmuis bestaat voor ons inzicht.
Het kind Inaya laat zich opblazen.

De dolfijn die zijn leven op spel zet,
door instrumenten vernachelde muis,
en overtuigd panisch meisje,
opgetuigd wetenloos onderdeurtje.

Het knaagdier toont opengesneden
de wetten waaraan ik gehoorzaam.
De dolfijn mist speels de oorlogsbodem,
Inaya maakt talloos veel overlevenden.

De waarheid de waarheid geweld aan.

Is kwantumfysica waarheid
op zoek naar een theorie?
Hol, als in uitgehamerd.
Zonder gemis gaat het niet.

Wat ben je voor brandhout
als je vuur niet begrijpt.
Vuur begrijpt brandhout,
hout haalt de schouders op.

Niemand om te begrijpen
wat toch te begrijpen is.
Het magma stolt,
eenheid verbergt zich.

'DYING TWICE IS SO BORING.'

Dit jaar kwam de verwarde man
te laat aan bij het monument
om de herdenking te verstoren.

Alle leven op aarde
om acht uur precies
om de slaap gebracht.

Heeft de aarde geen ronding?
Is de klok niet een afspraak?
De lijster zingt in de stille minuut.

De voorhang scheurt, de school gaat uit.
Op in doodshemd en oud net pak.
And music shall untune the sky.

Een koe weet in een weiland een koe
in een weiland weet een koe altijd wel iets te bedenken
terwijl de bomen rust uitstralen
en de auto achteruitrijdt
en de bomen stralen rust uit
terwijl de auto voorbijrijdt in zijn achteruit.
Achterruit, zijraam, dan voorruit.
De achteruiter midden in het wijde landschap
terwijl uit het portier Polen hangen.
Deze Polen zijn Polen
die tien, twaalf Nederlandse woorden kennen.
Ze gingen in het weekend hoe kort ook thuis zijn
in het dorp bij Zielona Gora
naar het dorp bij Zielona Gora.
Voor het stuur de uitgeputte chauffeur;
geen druppel heeft hij gedronken.
Geen druppel geen druppel geen druppel
geen druppel geen druppel geen druppel.

> *De visch, de taling bij het in den oven staan:*
> *'Denkt gij, dat de rivier stroomop zal gaan?'*
> *De ander: 'als wij gaar zijn, of het Al*
> *luchtspiegeling is of zee, wat komt het er op aan?'*
>
> J.H. Leopold; *Verzameld werk* 2, Van Oorschot,
> Oostersch III, blz. 217

De bakkerij staat in brand,
de vis verdrinkt in eigen sap.
Winter is nog slechts een schim van de herfst.
Voor ruzie gaan we naar de socials.
Krab wordt geprint uit visafval.
Nu ook een barbiepop met Down.

Was de werkelijkheid onkenbaar, dan
zou ze geen moeite doen zich te verbergen.

De bel gaat.
'Ja, wie daar?'
'Is Tonnus thuis?'
'Volgens mij wel.'
Onder het venster hoor ik zeggen:
'Hij is thuis. Dan ben ik het blijkbaar niet.'

Verbanden vertrouwen,
verbinden begrijpen.
Rondborstig de burger en
stevig zijn handdruk.

Maar vissen voelen geen pijn.
Koeien staan blij in de brandende zon.
Mensen slachten humaan.
Jou zie ik graag ongelukkig.

Arosa is een reddingsmaatschappij
voor circusberen en ook
opvanghuis voor vrouwen met
tanden de bek uit geslagen.

Dan heb ik me blijkbaar vergist.
Ik ben een fout van mezelf. Ik
ben in mezelf een vergissing.

'Wij zetten op duurzaamheid in.'
De economie houdt haar benen
stil, toch gaat zij steeds harder.
Dit betekent: de weg loopt af.

Een mens zonder geld kan slecht zijn
maar een met geld niet rechtvaardig.
Een Bill Gates die gelijk heeft
blijft expressie van onrecht.

Aan kinderen zonder toekomst
hangen stokdunne armpjes.
Voor de rebelse bretelse
geldbrasem is het de namaak waard.

Het feestvarken kruipt achterlangs
uit zijn geanimeerd sprekend lichaam,
springt uit het raam van tweehoog
in de gereedstaande vluchtbast.

Tussen de bladeren kwinkeleren
platenspelers. Bandrecorders in nestkastjes
nemen op om later de wind,
de wind die het woud stroomt.

De kinderen gaan niet graag
zweven buiten de camping.
Ze blijven liefst binnen het stroomhek,
natuurarme camping 'De Dampkring'.

Ziek dochtertje gaat nog niet
zweven buiten de camping.
In 't pierenbadje geniet ze;
vakantiepark 'De Dampkring'.

Treinreis. Schuifpaneel.
Opkruipen. Hoek maken. Mandarijn. Zoeken. Huilen; zoeken.
Zon. Bovengronds. Smerig. Mottige vaatdoek. Rotan. Miauw. Links.
Rechts. Onder. Hoek maken. Plastic vork.
Zon. Nevelsliert. Wolk. Zon. Bukken. Ruiken. Boeien. Boeiende,
kerriegele schoenen.
Niet uitkijken. Noodrem, om af te blijven. Mandarijn. Neus. Mauw.
Traanoogje, rieten kooi. Klaaglijk. Overeind komen. Zonnevlecht.
Spoorbrug. Zonneladder. Kabaal. Harden. De Vertrouwen.
'Dat je dat lezen kunt!'
'Is het een vissersschip?'
'Nee joh, gek!'
Goudkleurig schaaltje. Tonijn, toch? Vindt ze toch lekker toch?
Poes wendt zich af.

Krimpschaal. Waarte. Uiterwaard. Maak dat je wegrent,
waarheen heen weet je. Zwarte regenjas. Gele schoenen. Nat oogje.
Is het zover?
Zover gekomen?

L's wolkzacht handje op mijn knie:
'Er was een wolf en die was kapotgegaan.'
'En toen?'
'Dat was het hele verhaal.'
'Ken je ook een rijmpje?'
'Ja. Brood boterham...
Maar ik maak.'
'Dit was het verhaal?'
'Twee verhaaltjes.'

Dat mijn verstand het verstand
van mijn vader, minder bruikbaar,
een vliegend vogelnest wordt,
een vliegend fort voor zwaluwen.

Hol, als in uitgehamerd.
Zonder gemis kan het niet.
Iets anders betekent men niet.
Aan het gebrek te herkennen.

Vier jaar geen stom woord gezegd
tot wanhoop van haar ouders.
Tot vandaag: 'Ik geloof dat ik
Maja de Bij niet zoveel aan vind.'

Want zie je wat er gebeurt
nu we weten dat we er zijn?
Nu we weten dat we er zijn
laat de huid van de handen los,
van de rug, het denkende hoofd

De dikke enkels, de buik,
de starende blik in de tuin,
het vogelvoertempeltje,
de meesjes van porselein
en het weten dat we er zijn.

Vogels grauwe wolken
vogels mensen op hun
sterfdag uit het ei.

Ik kijk op zodra
ze overvliegen
Ik kijk ze na terwijl
ze kleiner worden.

Tussen wolkengevaarten
trekvogels grote visbazing.

Honderd gram graszaad
wat beweegt het snel!
De wolk is een vette rupswolk,
het bleke blauwe, een donderwolkpakket,
een wesp is een pakket
sterren waardplanten
met bomen omgekocht.

Wat scharrelt de vlieg op het lijk?
Niet om uit te rusten.
Waarom ligt het lijk in het woud?
Niet om uit te rusten.

Grauwe wolk, zilverzon,
wit schuim aan de randen.
De windselen van de onderbuik
de windselen van de aarde.

Voor wie voor mensen niet bang
genoeg is en liefde vooropstelt.

Hier ligt in de stromende regen
naast de lange lange spoorbaan
het hoofd van de moslimjongen
die hield van het hindoemeisje.
Het hoofd ligt er lief bleek bij.
Een afgesneden nat hoofd, dat is lastig
herkennen zegt het kaki uniform.
Verderop ligt meer.
Wat draait het hoofd? Wat het hoofd draait
en wat het me aangaat.
Wat gaat mij aan? Wat het me aangaat.
Lieve pijn. Onschuldig. Abstract. Onbedoeld.
Waarom hoort dit bij mij en dat niet?
Waarom is dat van een ander? Van wie dan?

En doorgeklikt.

Nu leg ik het lachspiegelschap af.
Ik wil het spiegelbeeld begraven
met een spiegel in de deksel
in de schaduw van mijn kist.

En doorgeklikt.

Klik, doorgeklikt.

Niets gaat boven het lauwe.
Rond het lauwe heerst kou.
Binnen het lauwe gloeit schiedenis.
We wassen de baby.
We smijten het kind in magma,
in paaiende ijskristallen.
We wassen de baby.
De baby wordt gewassen.
Hete zon en koude maan
even groot aan de hemel staan.